¡ESE ES EL TRABAJO PARA MÍ!

¡VOY A SER INGENIERO!

POR MICHOU FRANCO

Gareth Stevens PUBLISHING

Please visit our website, www.garethstevens.com. For a free color catalog of all our high-quality books, call toll free 1-800-542-2595 or fax 1-877-542-2596.

Cataloging-in-Publication Data

Names: Franco, Michou, author.
Title: ¡Voy a ser ingeniero! / Michou Franco.
Description: Buffalo, NY : Gareth Stevens Publishing, [2025] | Series: ¡Ese es el trabajo para mí! | Includes index.
Identifiers: LCCN 2023039979 (print) | LCCN 2023039980 (ebook) | ISBN 9781482467703 (library binding) | ISBN 9781482467697 (paperback) | ISBN 9781482467710 (ebook)
Subjects: LCSH: Engineering–Vocational guidance–Juvenile literature. | Engineers–Juvenile literature.
Classification: LCC TA157 .F7155 2025 (print) | LCC TA157 (ebook) | DDC 620.0023–dc23/eng/20230912
LC record available at https://lccn.loc.gov/2023039979
LC ebook record available at https://lccn.loc.gov/2023039980

Published in 2025 by
Gareth Stevens Publishing
2544 Clinton Street
Buffalo, NY 14224

Translator: Esther Sarfatti
Designer: Claire Zimmermann
Editor: Therese Shea

Photo credits: Cover, p. 1 Nopphon_1987/Shutterstock.com; Series Art (background) Salmanalfa/Shutterstock.com; p. 5 Amorn Suriyan/Shutterstock.com; p. 7 Chaosamran_Studio/Shutterstock.com; pp. 9, 17 Gorodenkoff/Shutterstock.com; p. 11 EF Stock/Shutterstock.com; p. 13 Narin Nonthamand/Shutterstock.com; p. 15 DC Studio/Shutterstock.com; p. 19 BELL KA PANG/Shutterstock.com; p. 21 Sorapop Udomsri/Shutterstock.com.

Printed in the United States of America

CPSIA compliance information: Batch #CS25GS: For further information contact Gareth Stevens, New York, New York at 1-800-542-2595.

CONTENIDO

Me gusta la ingeniería 4

¿Qué es un ingeniero? 6

Tipos de ingenieros. 8

Estudiantes de ingeniería 10

En el trabajo 14

Trabajo en equipo. 18

Preparación. 20

Glosario. 22

Para más información. 23

Índice. 24

Las palabras en **negrita** aparecen en el glosario.

Me gusta la ingeniería

Me encanta construir cosas. Me encanta desarmar cosas y volverlas a armar. Me encanta trabajar en equipo. Y, sobre todo, me encanta **resolver** problemas. ¡Los problemas de matemáticas son mis favoritos! Por eso voy a ser ingeniero.

¿Qué es un ingeniero?

Los ingenieros utilizan las matemáticas y la ciencia para hacer que nuestro mundo sea mejor. A veces construyen cosas, como máquinas. Otras veces hacen cambios a una **estructura**, como un puente, para mejorarlo. También pueden **diseñar** un proceso, o una forma de construir o hacer algo.

Tipos de ingenieros

¿Qué tipo de ingeniero voy a ser? ¡Hay muchos tipos diferentes! Un ingeniero civil diseña y construye estructuras. Los ingenieros eléctricos trabajan con la **electricidad**. Los ingenieros mecánicos trabajan con maquinaria. ¡Los ingenieros aeroespaciales envían objetos al espacio! Otros ingenieros trabajan con computadoras o **sustancias químicas**.

Mechanical Engineering 101
Simplified

Estudiantes de ingeniería

Todos los ingenieros deben ir a la universidad después de terminar la escuela secundaria. Allí toman clases que los preparan para su trabajo. Aprenden diferentes tipos de matemáticas. También toman clases de ciencias, como física. La física es el estudio de la materia, la **energía**, la fuerza y el movimiento.

Algunos ingenieros siguen estudiando después de la universidad. Pueden estudiar más acerca de algún tipo de ingeniería en particular. Pueden aprender a ser gerentes, o líderes en su trabajo. Otros ingenieros comienzan a trabajar nada más terminar la universidad. Algunos necesitan una **licencia** especial. Para conseguirla, deben aprobar un examen.

En el trabajo

Todos los ingenieros deben seguir ciertos pasos para asegurarse de que sus **proyectos** funcionen. Primero, hacen el diseño. Utilizan sus conocimientos para pensar en el mejor plan posible. A menudo usan algún programa de computadora, o ***software***, especial para hacerlo.

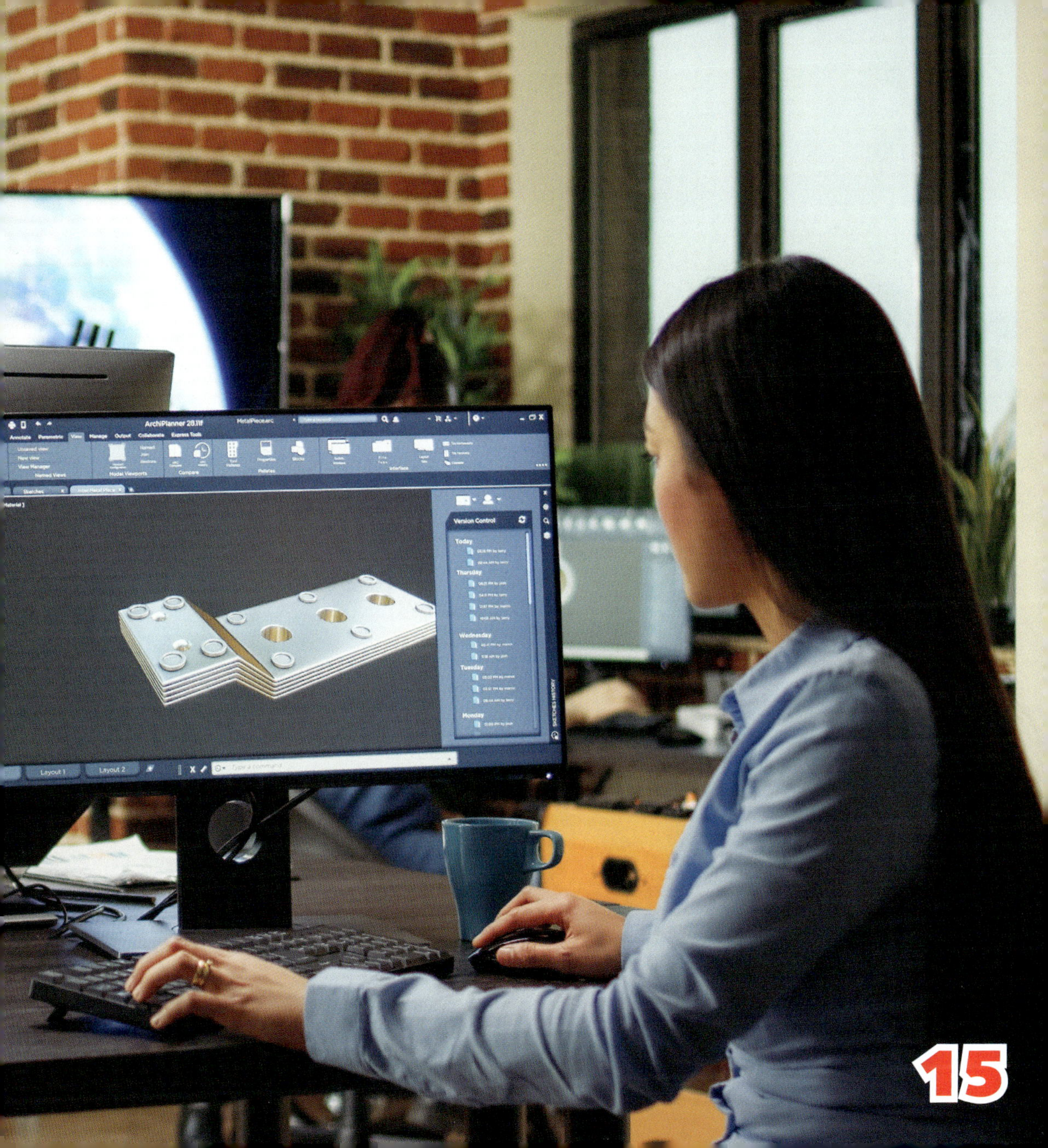
ArchiPlanner 28.1f
Version Control
Today
Thursday
Wednesday
Tuesday
Monday
Layout 1
Layout 2

Los ingenieros usan sus diseños para construir prototipos. Un prototipo es un modelo o un ejemplo de algo. Pueden hacer pruebas con el prototipo para ver si encuentran algún problema con el diseño. Después, arreglan los problemas antes de empezar a trabajar en el proyecto real.

Trabajo en equipo

Los ingenieros a menudo trabajan en equipo. Comparten sus diseños y prototipos con otros ingenieros. Escuchan las ideas de los demás. Para los trabajos grandes, puede haber varios ingenieros, cada uno con una tarea específica. Juntos, pueden resolver los problemas que vayan encontrando.

Preparación

Yo puedo empezar ya a prepararme para trabajar como ingeniero. Puedo trabajar duro en mis clases de matemáticas y ciencias. Puedo trabajar en proyectos que me enseñen habilidades de ingeniería. En este momento, estoy construyendo un robot. ¡Tengo muchas ganas de ser ingeniero!

GLOSARIO

diseñar: hacer un plan o dibujo para mostrar cómo será un edificio u otro proyecto antes de comenzar a construirlo.

electricidad: el flujo de potencia eléctrica, que es el movimiento de partículas cargadas (normalmente electrones), entre átomos.

energía: la potencia utilizada para hacer un trabajo.

estructura: algo que se construye.

licencia: un documento que permite a alguien hacer algo.

proyecto: un trabajo planificado que tiene un objetivo concreto.

resolver: encontrar la respuesta.

***software*:** un código o programa de computadora que le dice a la computadora lo que tiene que hacer.

sustancia química: una materia que puede ser mezclada con otra materia para producir cambios.

PARA MÁS INFORMACIÓN

LIBROS

Jacoby, Jenny. *Civil Engineering: Engineering Is All Around You.* Nueva York, NY: Kingfisher, 2022.

Schuette, Sarah L. *10-Minute Engineering Projects.* North Mankato, MN: Capstone Press, 2020.

Smibert, Angie. *Engineering.* Mankato, MN: The Child's World, 2021.

SITIOS WEB

Prueba de ingeniería
www.sciencekids.co.nz/quizzes/engineering.html
¿Sabes algo acerca de estas famosas estructuras? Pon tus conocimientos a prueba.

NASA para niños: introducción a la ingeniería
education.nationalgeographic.org/resource/nasa-kids-intro-engineering/
La agencia espacial estadounidense habla del proceso de ingeniería en este sitio.

Nota de la editorial a los educadores y padres: Nuestros editores han revisado cuidadosamente estos sitios web para comprobar que son apropiados para los alumnos. No obstante, muchos sitios web cambian con frecuencia, por lo que no podemos garantizar que los contenidos futuros cumplan con nuestros criterios de alta calidad y valor educativo. Les recomendamos que supervisen cuidadosamente a los alumnos siempre que tengan acceso a internet.

ÍNDICE

ciencia(s), 6, 10, 20

computadora(s), 8, 14

diseñar, 6, 8

diseño(s), 14, 16, 18

equipo, 4, 18

estructura(s), 6, 8

licencia, 12

matemáticas, 4, 6, 10, 20

problema(s), 4, 16, 18

proceso, 6

prototipo(s), 16, 18

universidad, 10, 12